AF586743

CATALOGUE

DE DIFFÉRENS

OBJETS DE CURIOSITÉ,

QUI composoient le Cabinet de feu M. BARON, Médecin;

DONT la vente s'en fera en Février 1788, en sa maison, rue Culture Sainte-Catherine au Marais.

ELLE consiste en Tableaux, Dessins, Estampes, plus de 2,400 Portraits divers, tant encadrés qu'en feuilles, dans tous les genres, diverses pieces d'Histoire Naturelle, &c.

Se distribue

A PARIS,

Chez { BASAN, rue & hôtel Serpente.
Me GEORGE, Huissier-Priseur, rue Saint-Jean de Beauvais.

1788.

[illegible]

[illegible]

[illegible]

[illegible]

[illegible]

[illegible]

[illegible]

CATALOGUE

DE DIFFÉRENS

OBJETS DE CURIOSITÉ,

QUI composoient le Cabinet de feu M. BARON, Médecin.

N°. 1 PLUSIEURS Tableaux de différens Maîtres, dont quelques-uns copies du Guide, &c. &c.

ESTAMPES ENCADRÉES.

2 Les Batailles d'Alexandre, d'après le Brun, par J. Audran & Tardieu, en huit pieces, anciennes épreuves.

3 La Maladie d'Alexandre, d'après le Sueur, par Audran.

4 La Peste de Marseille, d'après Detroy, par Thomassin.

5 Le grand Parnasse de Titon.

6 Quatre Hercule & Omphale, & pendans, par Cars, d'après le Moine.

7 Deux, Enlevement d'Europe & pendant, par les mêmes.

8 Deux, l'Entrée d'Alexandre & l'Académie des Sciences, par le Clerc.

9 La Sainte-Famille, d'après C. Maratte, par Smith.

10 La Madeleine au Chardon, & la Vierge de Schidon, par le même, en maniere noire.

11 Un grand nombre de Portraits de Médecins, par différens Graveurs, dont Patin, Fagon, Silva, Bouvart, Lorry, Astruc, de la Sonne, &c. &c. lesquels seront divisés.

12 Plusieurs Plantes, Tulippes, &c.

13 Diverses Estampes par différens Maîtres, qui seront divisées.

ESTAMPES RELIÉES ET EN FEUILLES.

14 Le Crozat, contenant cent quatre-vingt-deux Estampes, d'après différens Maîtres Italiens, par divers Graveurs François, en deux porte-feuilles.

15 Le Cabinet d'Aguilles, en cent dix-huit pieces, par Coelmans, d'après différens Maîtres, dans un porte-feuille.

16 La Galerie du Luxembourg ; d'après Rubens, en vingt-cinq morceaux en feuilles.

17 Les Hommes Illuſtres de Perrault, par Édelinck & autres, avec diſcours, en 2 vol. in-fol. reliés.

18 Les Hermites & Solitaires, par Sadeler, en cent trente pieces reliées en un volume oblong.

19 Cent Vues de Rome & d'Italie, gravées par Perelle & Silveſtre, in-fol. oblong.

20 Plantæ Selectæ, &c. ſuite contenant cent planches de différentes fleurs colorées, faites à Ausbourg, en 1750, &c. 2 vol. in-fol. reliés en cartons.

21 Un Volume in-fol. relié, contenant deux cents ſeize ſujets & Payſages, par Sadeler, Al. Durer, &c. &c.

22 Un autre *idem*, contenant ſix cents vingt-cinq pieces diverſes, dont les Fables de la Motte, par Gillot, &c. &c.

23 Une Brochure en cartons, contenant deux cents quatre-vingt-ſix petits ſujets & Payſages, par la Belle, Perelle & autres.

24 Un Volume in-fol. relié, contenant deux cents ſeize Portraits & Sujets en maniere noire, par Smith & autres Graveurs de ce genre.

25 Un autre Volume in-fol. relié, contenant trois cents quarante Portraits de différens Perſonnages Illuſtres dans les Sciences & Arts, dont pluſieurs d'après van Dyck.

26 Un autre Volume in-fol. relié, contenant cent trente Portraits & Sujets divers en maniere noire, gravés par Smith & autres.

27 Quatre Porte-feuilles in-fol., contenant plus de mille Portraits de Médecins, Philoſophes & autres, le tout arrangé par ordre alphabétique avec le plus grand ſoin. — Leſquels Porte-feuilles ſeront diviſés, s'il ne ſe trouve pas d'amateurs pour la totalité en un article.

28 Un autre Porte-feuille de même grandeur, contenant deux cents Portraits de Chirurgien, Apothicaires, Sages-Femmes, & différens ſujets relatifs à ces Arts.

29 Quatre autres Porte-feuilles d'un format plus petit que les précédens, contenant cinq cents ſoixante Portraits d'hommes & femmes célebres nationaux & étrangers dans tous les genres, parmi leſquels il s'en trouve gravés par Hollar & autres Maîtres aſſez rares à rencontrer. Cet article ſera auſſi diviſé, s'il ne ſe rencontre pas d'amateurs pour la totalité.

30 Le Portrait de Fénélon, in-4°., par Drevet, ſuperbe épreuve.

31 Vingt-neuf Portraits d'hommes & femmes célebres, dont pluſieurs d'après van Dyck, quelques-uns gravés par Wille, &c. &c.

32 Vingt-quatre autres de différens perſonnages illuſtres, Prélats, Artiſtes, &c. dont les Cardinaux de Polignac, de Fleury, &c. &c.

33 Vingt-cinq autres par Drevet, Edelinck, &c. dont l'Abbeſſe de Chelles, Madame de Nemours, la Ducheſſe d'Orléans Douairiere, &c. &c.

34 Vingt autres dont Desjardins, par Edelinck, Gendron, par Daullé, Sylva, par Smith, &c. &c.

35 Cinquante petits Portraits divers, par Drevet, Balechou, Maſſon, Edelinck & autres, dont la Ducheſſe d'Orléans, Briſacier, Charrier, Dupuis, Patin, &c. &c.

36 Cinquante autres Portraits divers par différens Maîtres, dont Turenne, par Nanteuil, &c.

37 Quatre-vingt Portraits d'hommes & femmes célebres de l'Angleterre, gravés en maniere noire, par Smith, Mac Ardell & autres.

38 Trente-un autres *idem*, dont celui de Newton, &c.

39 Quarante-deux autres Portraits & Sujets en maniere noire, la plupart par Smith, dont la petite Vierge de Schidon, &c.

40 Quatre-vingt-trois Sujets & Portraits divers auſſi en maniere noire, gravés en Hollande & en Allemagne par différens Graveurs de ce genre.

41 Onze autres pieces en maniere noire, Sujets & Marines, gravés en Angleterre dont quatre par Houſton, d'après Rembrandt, &c.

42 Soixante-ſix *idem*, dont pluſieurs d'après Teniers, Duſart & autres Maîtres.

43 Quatre-vingt-neuf autres *idem* en maniere noire, Sujets & Portraits divers, gravés en Angleterre & en Hollande.

---

44 Quarante-trois Eſtampes gravées en bois par Albert Durer, dont la Paſſion de Notre Seigneur, l'Apocalipſe, &c. &c.

45 Cent cinquante-quatre pieces en bois, par le même, &c. dont la Vie de Notre Seigneur, &c.

46 Cent deux Eſtampes gravées en clair obſcur & en bois, par différens Maîtres Italiens & autres.

47 Quarante-cinq pieces diverſes dont pluſieurs à l'eau forte, par le Guide & autres.

48 Cent trente pieces par différens Maîtres Italiens, Flamands & autres, dont pluſieurs par Martin Devos, &c.

49 Vingt Eſtampes d'après Rubens, van Dyck, &c. dont le Jardin d'Amour, Renaud & Armide, &c.

50 Cent quatre pieces d'après Oſtade, & autres différens Maîtres, dont pluſieurs par Viſſcher, Hollar, &c.

51 Sept par Bloemaert, Villamene & autres, dont l'Age d'Or, la Vierge & Saint-François, &c.

52 Quatre grandes Eſtampes d'après Jouvenet & Colombel, la Pêche Miraculeuſe, la Réſurrection du Lazare, la Femme Adultere, & le Repas du Phariſien.

53 Douze autres d'après le Pouſſin, Mignard & autres, dont le Serpent d'Airain, le grand Portement de Croix, la Peſte de David, &c.

54 Les trois pieces d'après le Correge, reſtaurées par Sornique, & de plus deux ſujets d'Adam & Eve, d'après le Moine & Natoire.

55 Cent ſoixante-ſix Sujets & Portraits divers, gravés par Mellan.

56 Deux, troiſieme & quatrieme Fêtes Flamandes en grand, par le Bas, d'après Teniers.

57 Deux, Réjouiſſance Flamande & Fête de Village, des mêmes; & de plus, le Pot au Lait, & le Départ de Chaſſe, d'après Wouvermans, &c.

58 Quarante-deux Eſtampes diverſes dont pluſieurs grandes, par Callot, la Tentation de Saint-Antoine. & autres.

59 Soixante pieces par Callot, le Clerc & autres, dont la Suite des Gueux, les Vues de Paris, &c.

60 Vingt-six par Callot, les grandes & petites Miseres, & les Supplices.

61 Soixante-dix pieces par la Belle, Sadeler & autres, dont les Paysages d'Anguien, les Mois, d'après P. Bril, &c.

62 Vingt-cinq Estampes Modernes, d'après Boucher, Watteau & autres, dont l'Enlevement d'Europe, la Naissance de Bacchus, par Aveline, &c.

63 Dix-neuf autres d'après Coypel, Vanloo, &c. dont le Sacrifice de Jephté, le grand Parnasse, l'Amour, par Strange, &c. &c.

64 Trente autres dont plusieurs Portraits de femmes, par Balechou, Lépicié, &c.

65 Trente-cinq Sujets divers, la plupart par Gillot.

66 Quatorze d'après Lancret, par de Larmessin, les Ages, Saisons, Heures du jour, &c.

67 Trente-quatre Sujets de la Fontaine, par le même, d'après Lancret, Boucher, &c.

68 Cent cinquante Oiseaux, Poissons & Animaux quadrupedes, d'après Robert, Albert Flamen & autres.

69 Vingt-cinq Académies, Têtes & Sujets divers, par Demarteau, à la maniere du crayon.

70 Les Amours des Dieux, en dix pieces, d'après le Titien, en maniere noire, par Smith.

71 Huit pieces par le même, dont la Vierge du Baroche, la Magdelaine, Sainte Catherine, &c. 21.

72 Quatre autres par le même, Vénus & l'Amour, d'après Jordans, Vénus à la coquille, l'Amour & Psiché, & Tarquin & Lucrece. 11.

73 Un Porte-feuille rempli de différentes vues colorées pour l'optique. 65. 4

74 Un autre Porte-feuille rempli de Cartes Géographiques. 33

75 Un autre contenant diverses Estampes qui seront divisées en plusieurs lots. 35.

---

76 Vingt-huit Dessins de différens Maîtres Italiens & autres, dont un bas-relief d'après Podydore, une Adoration des Rois, par Corneille, &c. 6.

77 Douze Portraits d'hommes & femmes, dessinés aux trois crayons, par Dumoutier. 6. 16.

78 Une petite Pierre d'Aimant montée, une Boussole & divers autres objets de curiosité qui seront divisés. 17. 12.

79 Diverses Garnitures de Cheminée, & Services de Table en porcelaines différentes. 37. 18.

80 Une Canne de Médecin avec béquille en or. 115. 1.

HISTOIRE NATURELLE.

81 Plus de cinq cents petits Bocaux de verre, contenant différens objets propres à l'étude & aux connoiſſances de la Chimie & de la Pharmacie, leſquels ſeront diviſés par claſſes & vendus en détail, s'il ne ſe trouve point d'acquéreurs pour la totalité.

82 Divers autres objets d'Hiſtoire Naturelle, Perles fines, Burgos, &c. &c. qui ſeront diviſés en pluſieurs lots.

FIN.

Lu & approuvé, ce 29 Décembre 1787.

COCHIN.

A PARIS. De l'Imprimerie de PRAULT, Imprimeur du Roi, quai des Auguſtins, 1788.

ORDRE DES VACATIONS

Pour la vente des Livres de feu M. Baron, Médecin.

Lundi 18 *Février* 1788.

Théologie, depuis le n° 1, jusqu'au n° 40 y comp.
Sciences & Arts, 368 à 448

Mardi 19.

Théologie, 41 à 80
Sciences & Arts, 449 à 528

Mercredi 20.

Théologie, 81 à 120
Sciences & Arts, 529 à 607

Jeudi 21.

Théologie, 121 à 160
Sciences & Arts, 608 à 688

Vendredi 22.

Théologie, 161 à 200
Sciences & Arts, 689 à 768

Samedi 23.

Théologie,	201 à 240
Sciences & Arts,	769 à 848

Lundi 25.

Théologie,	241 à 254
Juriſprudence,	255 à 280
Sciences & Arts,	849 à 928

Mardi 26.

Juriſprudence,	281 à 320
Sciences & Arts,	929 à 1008

Mercredi 27.

Juriſprudence,	321 à 360
Sciences & Arts,	1009 à 1089

Jeudi 28.

Juriſprudence,	361 à 367
Belles-Lettres,	4474 à 4506
Sciences & Arts,	1090 à 1169

Vendredi 29.

Belles-Lettres,	4507 à 4546
Sciences & Arts,	1170 à 1250

Samedi 1er. Mars.

Belles-Lettres,	4547 à 4587
Sciences & Arts,	1251 à 1330

Lundi 3.

Belles-Lettres,	4587 à 4627
Sciences & Arts,	1330 à 1410

Mardi 4.

Belles-Lettres,	4628 à 4667
Sciences & Arts,	1411 à 1490

Mercredi 5.

Belles-Lettres,	4668 à 4708
Sciences & Arts,	1491 à 1570

Jeudi 6.

Belles-Lettres,	4709 à 4748
Sciences & Arts,	1571 à 1650

Vendredi 7.

Belles-Lettres,	4749 à 4788
Sciences & Arts,	1651 à 1730

Samedi 8.

Belles-Lettres,	4789 à 4827
Sciences & Arts,	1731 à 1810

Lundi 10.

Belles-Lettres,	4828 à 4867
Sciences & Arts,	1811 à 1890

Mardi 11.

Belles-Lettres,	4868 à 4907
Sciences & Arts,	1891 à 1970

Mercredi 12.

Belles-Lettres,	4908 à 4947
Sciences & Arts,	1971 à 2050

Jeudi 13.

Belles-Lettres,	4948 à 4987
Sciences & Arts,	2051 à 2130

Vendredi 14.

Belles-Lettres,	4988 à 5027
Sciences & Arts,	2131 à 2210

Samedi 15.

Belles-Lettres,	5028 à 5067
Sciences & Arts,	2211 à 2290

Lundi 17.

Belles-Lettres,	5068 à 5107
Sciences & Arts,	2291 à 2370

Mardi 18.

Belles-Lettres,	5108 à 5147
Sciences & Arts,	2371 à 2450

Mercredi 19.

Belles-Lettres,	5148 à 5187
Sciences & Arts,	2451 à 2530

Mardi 1er. Avril.

Belles-Lettres,	5188 à 5227
Sciences & Arts,	2531 à 2610

Mercredi 2.

Belles-Lettres,	5228 à 5267
Sciences & Arts,	2611 à 2690

Jeudi 3.

Belles-Lettres,	5268 à 5307
Sciences & Arts,	2691 à 2770

Vendredi 4.

Belles-Lettres,	5308 à 5347
Sciences & Arts,	2771 à 2850

Samedi 5.

Belles-Lettres,	5348 à 5387
Sciences & Arts,	2851 à 2930

Lundi 7.

Belles-Lettres,	5388 à 5427
Sciences & Arts,	2931 à 3010

Mardi 8.

Belles-Lettres,	5428 à 5466
Sciences & Arts,	3011 à 3090

Mercredi 9.

Belles-Lettres,	5467 à 5492
Hiſtoire,	5493 à 5507
Sciences & Arts,	3091 à 3170

Jeudi 10.

Hiſtoire,	5508 à 5547
Sciences & Arts,	3171 à 3250

Vendredi 11.

Hiſtoire,	5548 à 5587
Sciences & Arts,	3251 à 3325

Samedi 12.

Hiſtoire,	5588 à 5627
Sciences & Arts,	3326 à 3405

Lundi 14.

Hiſtoire,	5628 à 5667
Sciences & Arts,	3406 à 3484

Mardi 15.

Hiſtoire,	5668 à 5707
Sciences & Arts,	3485 à 3564

Mercredi 16.

Hiſtoire,	5708 à 5747
Sciences & Arts,	3565 à 3644

Jeudi 17.

Hiſtoire,	5748 à 5807
Sciences & Arts,	3645 à 3709

Les n°s. 3697, 3699 ne ſeront pas vendus.

Vendredi 18.

Sciences & Arts, depuis 3710, jufqu'au n. 3881, les numéros qui n'entrent point dans le legs qui a été fait à MM. de la Faculté de Médecine; plus, les nos 3882 à 3901

Hiftoire,	5808 à 5867

Samedi 19.

Sciences & Arts,	3902 à 3961
Hiftoire,	5868 à 5927

Lundi 21.

Sciences & Arts,	3962 à 4021
Hiftoire,	5928 à 5985

Mardi 22.

Sciences & Arts,	4022 à 4081
Hiftoire,	5986 à 6044

Mercredi 23.

Sciences & Arts,	4082 à 4141
Hiftoire,	6045 à 6103

Jeudi 24.

Sciences & Arts,	4142 à 4201
Hiftoire,	6104 à 6163

Vendredi 25.

Sciences & Arts,	4202 à 4259
Hiftoire,	6164 à 6223

Samedi 26.

Sciences & Arts,	4261 à 4322
Histoire,	6224 à 6283

Lundi 28.

Sciences & Arts,	4323 à 4382
Histoire,	6284 à 6343

Mardi 29.

Sciences & Arts,	4383 à 4436
Histoire,	6344 à 6401

Mercredi 30.

Sciences & Arts,	4437 à 4473
Histoire,	6402 à 6460

Vendredi 2 Mai.

Histoire,	6461 à 6506

Différens corps de Bibliothèques, Armoires & Tablettes, Echelles, &c.

On vendra au commencement des premières vacations quelques Livres de peu de valeur.

www.ingramcontent.com/pod-product-compliance
Lightning Source LLC
LaVergne TN
LVHW052030160826
845678LV00003B/1259

* 9 7 8 2 3 2 9 6 3 3 4 5 9 *